추억의 숨은그림 찾기 2

그땐 그랬지,
추억을 찾는 방구석 박물관

유재영 지음

슬로래빗

꼭꼭 숨어라, 머리카락 보일라!

고래, 다슬기, 등산지팡이, ㅁㅈ, 알파벳 E, 열대어, 와인잔, 호미, 화살표, 휴대용 칼

▶ 정답 p.74

무궁화 꽃이 피었습니다

고구마, 금붕어, 도넛, 모자, 물음표, 배추, ㅂ, 압정, 장화, 하트

다른그림찾기 ①

총 16곳

살금살금 비사치기

말뚝박기와 고무줄놀이

귀이개, ㄴㅂ, 낫, 만두, 부메랑, 성냥, 스페이드,
장갑, 제기, 종이비행기, 촛불, 코끼리 머리

▶ 정답 p.74

풀과 모래, 돌멩이로 차린 소꿉놀이 밥상

가지, 고추, 골프채, ㄷㄱ, 맷돌, 새, 악어, 알파벳 P, 애벌레, 우산, 장화, 토끼 머리

▶ 정답 p.74

십자말풀이 ①

가로

1) 우주와 천체의 온갖 현상과 그에 내재된 법칙성. 별을 보러 가는 곳은 ○○대.
2) 겉에 입는 옷. 무대○○.
3) 한국 영화 최초로 아카데미상을 받은 영화 〈기생충〉의 감독.
4) 초복, 중복, 말복을 통틀어 이르는 말.
6) 어떤 것에 마음이 끌려 주의를 기울임. 나 너에게 ○○ 있어.
8) 기온, 비, 눈, 바람 따위의 대기 상태. 파리○○협약.
9) 아이들 놀이의 하나. 여럿이 두 편으로 나누어 수비에서 말을 만들고 공격에서 말을 타면서 노는 놀이.
11) 아이들 놀이의 하나. 손바닥만 한 납작한 돌을 세워 놓고 얼마쯤 떨어진 곳에서 돌을 던져 맞히거나 발로 돌을 차서 맞혀 넘어뜨리는 놀이. '비석치기'로도 부름.
13) 우리나라의 국화.
16) 돈을 받고 남의 빨래나 다림질 따위를 해 주는 곳.
17) 어린아이에게 등에 업히라는 뜻으로 내는 소리.
18) 신조어. '깜짝 놀라다'를 줄여 이르는 말.

세로

1) '천사의 옷은 꿰맨 흔적이 없다'는 뜻으로 완전무결하여 흠이 없음을 이르는 말.
4) 각이 세 개 있고, 선분 세 개로 둘러싸인 도형.
5) 남의 죽음에 대해 슬퍼하는 뜻을 드러내어 상주를 위문함. '조문'과 같은 말.
6) 관에서 지급한 제복이나 정복.

7) 새롭고 신기한 것을 좋아하거나 모르는 것을 알고 싶어 하는 마음.
9) 일을 들추어내어 트집이나 문젯거리를 일으키는 말이나 행동. ○○꾸러기.
10) 음식을 끓이거나 삶는 데 쓰는 용구의 하나.
12) 성년기에 입의 맨 안쪽 끝에 새로 나는 작은 어금니.
14) 옛 궁궐을 이르는 말.
15) 기운차게 뻗치는 모양이나 상태. ○○가 등등하다.
16) 백 년을 세는 단위.
19) 아이들 놀이의 하나. 살림살이를 흉내 내며 노는 놀이.
20) 아이들 놀이의 하나. 여럿 중 하나가 술래가 되어 숨은 사람을 찾아내는 놀이.

▶ 정답 p.78

▶ 정답 p.79

문방구 앞 작은 오락실

권총, 낚싯바늘, 머그컵, 숫자 9, 스포이트, 자, 장도리, 전기 플러그, 쭈쭈바, ㅍㅊ, 하트

▶ 정답 p.74

뽑기와 달고나

고인돌, 도끼, 도넛, 땅콩, 뱀, 아이스크림, 일회용 면도기, ㅈㄷㅊ, 페인트붓, 화분

다른그림찾기 ②
총 12곳

뻥튀기 아저씨 오는 날

▶ 정답 p.80

동네 공터에 서커스가 서면

건전지, 도끼, ㄷㅂㄱ, 물개, 바나나, 뼈다귀, 숫자 9, 열쇠, 제기, 화살표

우리 동네 씨름왕

깔때기, 당근, 바나나, 사탕, 숫자 8,
야구 글러브, ㅇㄹ, 전화 수화기, 젖병, 칫솔, 펜촉

▶ 정답 p.74

십자말풀이 ②

가로

1) 마술이나 여러 가지 곡예, 동물의 묘기 따위를 보여 주는 흥행물. 또는 그것을 공연하는 흥행 단체.
2) 일이나 공부 따위를 게을리함. 프랑스어로 '사보타주'와 같은 말.
3) 동물이나 사람의 형상을 한 잡된 귀신의 하나. 공유가 주연한 한류 드라마 이름.
4) 달에서 비쳐 오는 빛.
5) 위 끝이 뾰족하게 생긴 모자. 승려나 무당, 농악대들이 주로 쓴다.
8) 사물이 진행하여 도달할 수 있는 최후의 단계나 지점을 이르는 말.
9) 제사를 지내는 날.
11) 저녁때의 햇빛. 또는 저녁때의 저무는 해.
12) 프랑스어로 어릿광대를 뜻하는 말.
13) 여러 개 중 하나를 골라 뽑는 것을 이르는 말. 제비○○.
15) 우리나라 고유의 민속놀이. 두 사람이 샅바를 잡고 먼저 넘어뜨리는 사람이 승리한다.
17) 방바닥을 바르는 데 쓰는 종이.
19) 앞의 내용이 뒤의 내용의 원인이나 근거, 조건 따위가 될 때 쓰는 접속 부사.
21) 학용품과 사무용품 따위를 파는 곳.
22) 북유럽의 신화나 전설에 나오는 거인. 영화 〈겨울왕국〉에서 돌멩이 요정으로 나온다.
23) 열의 두 배가 되는 수.

세로

2) 우리나라 고유의 전통 무예.
4) 불 위에 국자를 올리고 거기에 설탕과 소다를 넣어 만든 과자.

6) 물체가 빛을 받을 때 나타나는 특유한 빛. '색깔'과 비슷한 말.
7) 높은 인기를 얻고 있는 연예인이나 운동선수.
8) 다른 사람들에게는 전혀 알려지지 않은 가운데. ○○○에 만났다.
9) 일정한 한도를 정하거나 그 한도를 넘지 못하게 막음.
10) 자성을 가진 천연의 광석.
14) 그날그날의 비, 구름, 바람, 기온 따위가 나타나는 기상 상태.
16) 경기를 할 수 있는 설비와 관람석 따위를 갖춘 곳.
18) 컴퓨터나 통신 등에 대한 기록을 남기는 것. 또는 그 기록.
20) 널빤지로 만든 문. 널문의 한자어. 6·25 전쟁의 휴전회담이 열린 곳은 ○○점.
22) 기름을 가공하면서 생성되는 지방. 가공식품에 많이 함유된 것으로 건강에 안 좋다.
24) 도서, 문서, 기록, 출판물 따위를 볼 수 있도록 모아 둔 시설.

▶ 정답 p.78

▶ 정답 p.79

소풍 보물찾기, 그게 뭐라고

가오리, 꽃반지, ㄴㅅㅂㄴ, 네잎클로버, 막대사탕,
아이스크림, 오리발, 은행잎, 종, 촛불

청팀 이겨라! 백팀 이겨라!

네잎클로버, 도끼, 못, 성냥개비, 전화 수화기, 조개, 종이배,
쭈쭈바, ㅊㅅ, 코끼리, 팔분음표

▶ 정답 p.75

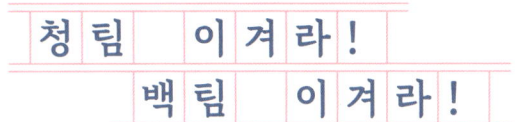

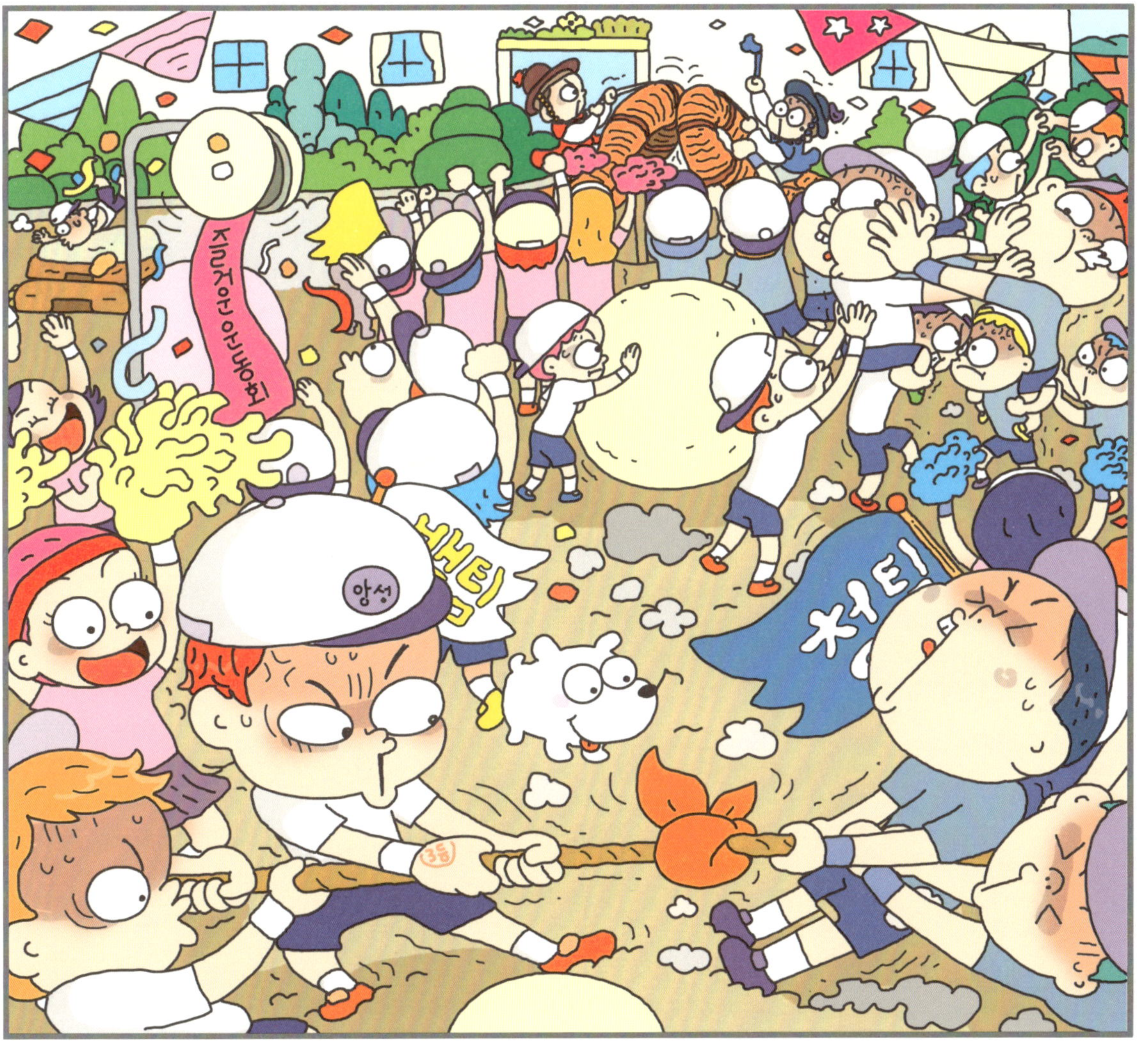

다른그림찾기 ③

총 13곳

'국민' 학교 시험 풍경

▶ 정답 p.80

난로와 양은 도시락

가오리, 국자, 권투 글러브, 다리미, ㄷㅍㅇ,
모래시계, 버섯, 아령, 아이스크림, 알파벳 D, 장도리, 조개

졸업식은 짜장면 먹는 날

계란프라이, ㄲㄸㄱ, 돋보기, 딸기, 마우스, 밤, 버섯, 새, 알파벳 S, 은행잎, 자

십자말풀이 ③

가로

1) 식물의 기관 중 하나. 뿌리에서 흡수한 수분과 양분을 잎으로 나른다.

2) 아이들 놀이의 하나. 여럿이 한 줄로 연결하여 기차를 흉내 내며 다닌다.

3) 강수량이 적어서 모래로 뒤덮인 곳을 이르는 말.

4) 생각을 하고 언어를 사용하며, 도구를 만들어 쓰고 사회를 이루어 사는 동물.

6) 짧은소리. 장음의 반대말.

7) 물건 이름이 적힌 종이를 감추어 놓고 찾는 놀이.

9) 배의 항해를 책임지는 자.

10) 그 자리나 장면에서 느껴지는 기분. ○○○가 좋다.

13) 좋아하여 가까이 두고 즐겨 가꾸는 식물.

16) 육체적으로 힘이 많이 드는 노동.

17) 신문이나 잡지 따위에서, 어떠한 사실을 알리는 글.

20) 조개 모양으로 만든 연탄.

23) 뚫어지거나 파낸 자리.

세로

1) 민속놀이 중 하나. 굵은 밧줄을 마주 잡고 당겨서 승부를 겨루는 놀이.

4) 의욕이나 자신감 따위로 충만하여 굽힐 줄 모르는 기세. ○○가 하늘을 찌르다.

5) 무엇을 가로막거나 끊어서 통하지 못하도록 하는 막.

7) 어떤 일을 한 뒤에 얻어지는 좋은 결과나 만족감. ○○을 느끼다.

8) 신선처럼 아무 걱정이나 근심 없이 즐겁고 평안하게 지낸다.

11) '기술을 가진 사람'의 뜻을 더하는 접미사. 대장○○.
12) 살아 있는 한평생의 기간.
14) 어떤 일을 책임 지워 맡김. 또는 그 책임. 전권을 ○○하다.
15) 무거운 물건을 들어 올려 아래위나 수평으로 이동시키는 기계.
18) 졸업장을 수여하는 의식.
19) 영원히 죽지 않는다는 전설의 새를 이르는 말.
21) 여러 사람이 모여 여러 가지 운동 경기를 하는 모임.
22) 못난 사람이나 사물 또는 언짢은 일을 비유적으로 이르는 말. 빛 좋은 ○○○.
24) 흡착성이 좋은 목탄 따위를 활성화하여 만든 물질.

▶ 정답 p.78

▶ 정답 p.79

뒷동산에서 찾은 봄의 맛

ㄱㅊ, 네잎클로버, 눈사람, 달팽이, 문어, 불가사리, 숫자 4, 오리, 지렁이, 토끼

심장이 쿵쿵! 수박 서리하던 날

문어, 붕어빵, ㅂ, 삼각자, 열대어, 은행잎, 장갑, 촛불, 토끼 머리, 페인트붓, 호미

다른그림찾기 ④

총 14곳

늘 풍요로웠던 가을

방구차 추격 대작전

건빵, ㄸㅋ, 바나나, 뼈다귀, 새,
알파벳 Y, 은행잎, 조개, 편지봉투, 하트

추수철, 논두렁 새참

계란프라이, 도토리, 돼지 머리, 막대 아이스크림, 오소리, 장총, 조개, 지우개, 짚신, 토끼, 하트

십자말풀이 ④

가로

2) 손가락으로 꼽아서 하는 셈. 어림짐작으로 대충 하는 방식을 ○○○○식이라고 한다.

3) 얼음이 얼어 미끄러운 길.

4) 촉감이 서늘하고 썩 찬 느낌이 있다는 뜻의 형용사.

5) 가을에 익은 곡식을 거두어들임. 추수와 같은 말.

6) 박과의 열매채소 중 하나. 겉은 초록색이고 속은 빨갛다.

10) 졸리거나 고단하거나 배부르거나 할 때, 절로 입이 벌어지면서 하는 깊은 호흡.

12) 서로 같지 아니하고 다른 점.

13) 비참하고 끔찍한 일을 강조하여 이르는 말.

17) 떼를 지어 남의 과일, 곡식, 가축 따위를 훔쳐 먹는 장난.

19) 낚시나 그물 따위로 물고기를 잡음.

20) 물체가 빛을 가려서 그 물체의 뒷면에 드리워지는 검은 그늘.

21) 동물 중 하나. 이 동물을 기르는 사람을 흔히 '집사'라고 부른다.

22) 도시에서 떨어져 있는 지역.

세로

1) 악기를 다루어 곡을 표현하거나 들려주는 일.

5) 노래 부르는 것이 직업인 사람.

7) 여러 사람이 모여 마구 먹고 즐기는 자리.

8) 여러 사람이 서로 자신의 주장을 내세우며 상대편의 주장을 반박함.

9) 운이 좋거나 일이 상서롭다는 뜻의 형용사. 그런 날을 '길일'이라 함.

11) 소독약을 내뿜고 다니는 방역차의 별명.
13) 많은 수가 한꺼번에 움직여 자리를 옮기는 일.
14) 얼굴의 눈썹 위로부터 머리털이 난 아래까지의 부분.
15) 일을 하다가 잠깐 쉬면서 먹는 음식.
16) 여러 상품을 판매하는 대규모의 현대식 종합 소매점.
18) 생각하고 궁리하는 힘.
20) 단어, 구, 절, 문장 따위를 병렬적으로 연결할 때 쓰는 접속 부사.
23) 양쪽 손을 똑같이 자유롭게 써서 일할 수 있는 사람.
24) 한꺼번에 되게 당하는 손해나 곤란. ○○ 먹다.

▶ 정답 p.78

▶ 정답 p.79

까치야! 까치야!
헌 이 줄게, 새 이 다오

당근, 돛단배, 만두, 볼링핀, 사분음표, ㅇㅇ스크ㄹ,
전화 수화기, 참외, 피자, 핸드폰

쥐를 잡자!
전국 쥐 잡기 운동

바늘, 비행접시, 삼각자, 숫자 3, 아이스크림, ㅇㅈ, 어묵 꼬치, 얼굴 옆모습, 장화, 지렁이, 팔분음표

다른그림찾기 ⑤
총 14곳

호랑이 학생부장

1970s 유신체제 장발 단속

금붕어, 눈사람, 독수리 머리, 땅콩, 마이크, 버섯, 벙어리장갑, 빨래판, 스페이드, 종이배, 쭈쭈바, 코끼리, 펜촉 펜

찬란했다, 라면 소녀 임춘애

곰방대, 공갈 젖꼭지, 과도, 깔때기, 백열전구, 음료수 캔, 이빨, ㅈㄹㅇ, 태극문양, T자

▶ 정답 p.76

십자말풀이 ⑤

가로

1) 광고나 선전을 위해 상징적인 내용과 간단한 글귀로 나타낸 것.
2) 사물이나 시간, 현상 사이의 틈. ○○을 조정하다.
3) 어린 가축이나 짐승이 자라도록 먹이어 기름.
4) 꺾이거나 굽은 데가 없는 곧은 선.
5) 석탄가루로 만든 원통형의 고체 연료. 구멍이 뚫려 있어 구멍탄이라고도 한다.
7) 몸을 다쳐서 부상을 입은 자리. ○○를 입다.
8) 몸을 째거나 도려내어 병을 고치는 일. 맹장 ○○.
9) 어머니의 여자 형제를 부르는 말.
10) 발을 뒤로 떼어 놓으며 걷는 걸음.
11) 이를 닦고 물로 입 안을 가시는 일.
12) 개의 품종 중 하나로 세계에서 가장 작은 개.
15) 사회에 미치는 영향력이 큰 사람. SNS에 구독자가 많은 사람을 이르는 말.
16) 중국에 있는 성으로 세계에서 가장 길다.
18) 여럿이 모여 이룬 모임.
20) 없던 기술이나 물건을 새로 생각하여 만들어 냄.
21) 빨리 알림. 또는 그런 보도.
23) 이탈리아 요리 중 하나. 밀가루 반죽 위에 토마토소스, 치즈 등을 얹고 구워서 만든다.

세로

1) 겉으로만 그럴듯하게 꾸밈. ○○지로 선물을 싸다.
2) 의사의 진료를 돕고 환자를 돌보는 사람.

5) 남을 속이기 위하여 꾸며 낸 말이나 행동. 배우가 관객에게 보여 주는 무대 예술.

6) 달리기를 직업으로 하는 사람. 임춘애는 1986년 아시안 게임에서 ○○○○로 3관왕을 했다.

10) 뒤로 드러난 모양.

13) 염치없이 마구 먹거나 가지려고 탐내는 모양. ○○스럽게 먹는다.

14) 포도로 담근 서양 술.

16) 밀가루를 반죽하여 소를 넣어 빚은 음식.

17) 벨기에의 유명한 빵으로 격자무늬의 틀에 넣고 굽는다.

19) 1970년대 경찰들이 길거리에서 강제로 젊은이들의 두발을 깎았던 일.

22) 운동 경기에서 우승자.

24) 성과 이름을 아울러 이르는 말.

25) 보자기에 물건을 싸서 꾸린 뭉치. ○○○를 싸다.

26) 자신에 관한 일을 자신이 서술함. 자기가 쓴 책을 ○○전이라 한다.

▶ 정답 p.78

▶ 정답 p.79

만화방 죽돌이들

구둣주걱, 망치, 바늘, ㅂㅊㄱ, 숫자 7,
양말, 오리 머리, 우산, 화분, 효자손

음악다방 DJ 전성시대

건빵, 낚싯바늘, D형 건전지(뚱뚱한 모양), 딸기, 망나니 칼, ㅅㄴㄱㅂ, 열쇠, 올챙이, 작살, 편지봉투, 해골, 해마

다른그림찾기 ⑥

총 13곳

수줍던 빵집 미팅

▶ 정답 p.80

완행열차 타고 MT 가던 날

건전지, 곰방대, 괭이, 껌종이, 낚싯바늘, 만두, 물음표, 부엌칼, 비녀, ㅅㄱ, 사다리, 작살

통학버스 로맨스

가오리, 고추, 네잎클로버, 말굽자석, 부츠, 뼈다귀, 새, ㅇㅅ, 자, 한반도 지도

▶ 정답 p.76

십자말풀이 ⑥

가로

2) 지금은 사라진 완행열차의 이름. 평화의 상징인 새의 이름을 땄다.
3) 조선 시대 소설의 주인공. 신출귀몰하는 재주를 가진 의적의 우두머리.
4) 얼굴은 돌리지 않고 눈알만 옆으로 굴려서 보는 눈. ○○질하다.
5) 평범함을 뜻하는 '노멀', 철저함을 뜻하는 '하드코어', 옷차림을 뜻하는 '룩'의 합성어로 평범함을 추구하는 패션.
8) 잘 매만져 곱게 꾸밈.
10) 결혼식 때에 신부가 머리에 써서 뒤로 늘어뜨리는 천.
12) 새로운 세대. 흔히 20대 이하의 젊은 세대를 이른다.
13) 어떤 사회적 분야에 처음으로 등장함. 문단에 처음으로 등장하는 것.
15) 권력이나 기세의 힘. 어떤 속성이나 힘을 가진 집단.
16) 물과 불을 아울러 이르는 말. ○○ 안 가린다.
17) 집의 앞이나 뒤에 평평하게 닦아 놓은 땅.
19) 관현악을 연주하는 단체.
21) 우리나라의 중앙은행.
23) 가르쳐 단련시킴. 학생에게 가르치는 군사 훈련.
24) 일정한 음정의 순서로 음을 차례로 늘어놓은 것.

세로

1) 시간이나 재물 따위를 헛되이 헤프게 씀.
6) 어느 지역이나 산의 테두리나 능선을 따라 걷는 길. 북한산 ○○○.

7) '눈치'를 강조하여 속되게 이르는 말. ○○○○도 없다.

9) 겨울이 되면 동물이 활동을 중단하고 땅속 따위에서 겨울을 보내는 일. 겨울잠.

11) 기다란 물고기.

12) 도로에 설치하여 차량이나 사람에게 정지·우회·진행 따위를 지시하는 장치.

14) 하나의 개체가 한 개의 세포로 이루어진 생물. 짚신벌레, 아메바 등.

18) 경기장, 극장, 공연장, 미술관 따위를 빌리거나 빌려줌.

20) 남 괴롭히는 것을 일삼는 파렴치한 사람들의 무리.

22) 다른 나라와 정치적, 경제적, 문화적 관계를 맺는 일.

24) 음악을 감상하는 다방.

25) 고맙게 베풀어 주는 신세나 혜택. 스승의 ○○는 하늘 같아서.

26) 사람이 오르내리기 위해 건물이나 비탈에 만든 층층대.

▶ 정답 p.78

▶ 정답 p.79

눈 감고 봤던 전설의 고향

ㄱㅇㄹ, 각도기, 골프채, 나비, 달팽이,
뱀, 병따개, 삶은 계란, 성냥개비, 장총, 전통부채

쎄시봉 낭만의 포크송

ㄱㅈㅈ, 건빵, 달팽이, 당근, 립스틱, 막대사탕, 물음표, 발자국, 밤, 알파벳 E, 젖병, 해골

다른그림찾기 ⑦

총 12곳

변방의 북소리

홍콩 영화 전성시대
성룡, 취권

건전지, 계란프라이, 고무신, 고슴도치, 땅콩, 라이터, 막대사탕, 버섯, ㅂㄸㄱ, 부메랑

이소룡 없는 이소룡 영화, 사망유희

권총, 도끼, 도토리, 불가사리, ㅂㅂㅂ, 알파벳 E, 열대어, 은행잎, 조개, 중절모, 페인트붓, 펭귄

십자말풀이 ⑦

가로

1) 우리나라에서 전해 내려오는 전설, 설화 등을 토대로 방영했던 KBS 드라마.

2) 풀이 나 있는 들판.

4) 어린아이들을 낮잡아 이르는 말.

5) 해마다 일정한 시기에 되풀이하여 행해 온 고유의 풍속.

8) 남이 시키는 일을 하여 주는 일.

10) '생활기록부'를 줄여 이르는 말.

11) 일이나 사건을 풀어 나갈 수 있는 첫머리. ○○○를 잡다.

14) 흘러가는 흐린 물. 또는 그런 흐름.

16) 학교나 회사 따위에 딸려 있어 학생이나 사원에게 싼값으로 숙식을 제공하는 시설.

17) 깃대에 달린 천이나 종이로 된 부분.

19) 어떤 일을 바람. 또는 그 바라는 것.

21) 외부적인 구속이나 무엇에 얽매이지 아니하고 자기 마음대로 할 수 있는 상태.

22) 성룡이 주연한 홍콩의 무술 영화. 술에 취한 척하며 싸우는 권법.

세로

1) 본격적인 전투를 벌이기 전에 하는 작은 규모의 전투.

3) 아무 조건도 없음. 이리저리 살피지 아니하고 덮어놓고.

6) 눈이 덮인 벌판.

7) 요금을 받고 손님이 원하는 곳까지 태워다 주는 영업용 승용차.

8) 코미디언 출신의 영화감독. 〈영구야 영구야〉의 영구, 〈변방의 북소리〉의 포졸 역 등으로 사랑받았다.

9) 어렵고 고된 일을 겪음. 또는 그런 일이나 생활.

11) 겉으로 드러나지 아니한 알짜 이익. ○○을 챙기다.

12) 꽃, 향, 향수 따위에서 나는 좋은 냄새.
13) 어떤 일을 해 달라고 청하거나 맡김. 또는 그 일거리.
15) 아들의 아내를 이르는 말.
18) 집을 떠난 사람이 임시로 묵음. 또는 그런 곳.
20) 발로 밟고 지나갈 때 남는 흔적. 또는 그때 나는 소리.
23) 홍콩 영화배우 이소룡의 유작. 몸에 달라붙는 노란 운동복이 인상적이다.
24) 선거할 권리를 가진 사람.

▶ 정답 p.78

▶ 정답 p.79

책가방 던져두고 방학 생활 시작~

게, 못, 바게트빵, ㅂㄴ, 숫자 3, 스페이드, 인두, 하키 스틱, 해마, 화살표

두껍아 두껍아
헌 집 줄게, 새 집 다오

권총, 기린 머리, 등산지팡이, 리스트, 머그컵, 버섯, 손전등, 열대어, 은행잎, 펜촉, 학

▶ 정답 p.77

다른그림찾기 ⑧

총 13곳

그 여름 냇가에서

물장구치고 가재 잡고

갈매기, 담배 파이프, 도토리, 숫자 3, 오리,
ㅈㅇㅂ, 콩나물, 펜촉, 푸들, 핫도그

물 반 사람 반 북새통 해수욕장

가오리, 나비, 돋보기, 모종삽, 바가지, 뼈다귀, 오이, ㅈㄱ, 젖병, 팔분음표

십자말풀이 ⑧

가로

1) 해수욕을 할 수 있는 환경과 시설이 갖추어진 바닷가.
2) 바르고 확실함. 자로 잰 듯 ○○하다.
4) 곤충의 일종. 장수○○○.
5) 매우 좁고 작은 개울.
6) '탄산 나트륨'을 일상적으로 이르는 말. 베이킹 ○○.
7) 행진할 때에 쓰는 반주용 음악.
10) 윗옷과 아래옷이 붙어서 한 벌로 된 옷. 주로 여성복에 많다.
12) 목적한 바를 이루었다는 느낌.
14) 일상생활에서 일어날 수 있는 가벼운 위법 행위.
17) 고치기 어려운 병.
18) 곤충을 잡기 위하여 긴 막대기에 그물주머니를 매단 기구.
20) 학생들이 책이나 학용품 따위를 넣어서 들거나 메고 다니는 가방.
21) 살이 쪄서 몸이 뚱뚱함.
22) 쓰고 난 후 남은 것. ○○인간.
23) 냇물에서 고기잡이하는 일.

세로

1) 바닷물이 크게 일어서 육지로 넘쳐 들어오는 것. 또는 그런 현상.
3) 몹시 빠르게 부는 바람과 무섭게 소용돌이치는 물결. 청소년기를 ○○○○의 시기라 부름.
6) '소소하지만 확실한 행복'을 뜻하는 신조어로, 일상에서 누리는 소소한 즐거움을 이르는 말.
8) '인격을 무시하는 모욕적인 말을 듣다'를 뜻하는 동사. '혼나다'와 비슷한 말.
9) 두 개의 요소. ○○화하다.

11) 귀신의 울음소리.
13) 더위를 피하여 시원한 곳으로 옮김.
15) 본받아 배울 만한 대상. ○○상을 받다.
16) 아이들이 가지고 노는 여러 가지 물건.
19) 잘못을 저지른 책임. ○○감을 느끼다.
21) 외국인에 대한 출입국 허가하는 증명. '사증'과 같은 말.
23) 멀기가 천 리 또는 만 리나 된다는 뜻으로, 아주 먼 거리를 이르는 말.
24) 여름의 한창 더울 때에 일정 기간 수업을 쉬는 일.

▶ 정답 p.78

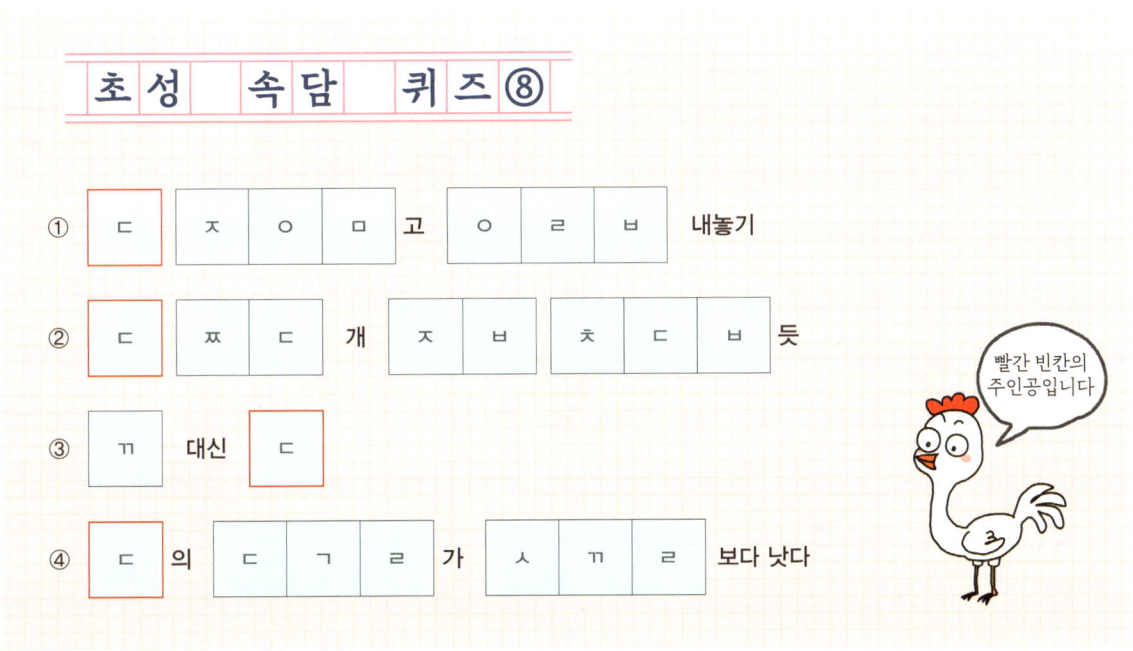

▶ 정답 p.79

비료 포대 눈썰매

ㄱㅊ, 담배 파이프, 도토리, 물총, 비녀,
새총, 악어 머리, 압정, 오징어, 우산, 콩나물, 화살표

논두렁 얼음 썰매장

ㄱㅈ, 금붕어, 눈사람, 당근, 딸기, 물감, 상어, 알파벳 Y, 와인잔, 제기

▶ 정답 p.77

총 13곳
다른그림찾기 ⑨

화롯가 가래떡 구이

분유통을 쌩쌩 쥐불놀이

가래떡, 개미핥기, ㄸㄱ, 립스틱, 물고기,
상아, 숫자 3, 스페이드, 알파벳 A, 유령, 콩나물

추운 줄도 모르고 빙빙 팽이치기

가지, 독수리, 뚫어뻥(변기 뚫는 도구), 바나나, 밤, 밥공기, ㅅㅇ, 솜사탕, 장도리, 쥐

▶ 정답 p.77

십자말풀이 ⑨

가로

1) 잠을 자면서 자기도 모르게 중얼거리는 헛소리.
2) 음력 정월 보름을 이르는 말.
3) 흙의 성질.
4) 어느 한 지방에서만 쓰는, 표준어가 아닌 말.
5) 팽이를 채로 쳐서 돌리는 놀이.
8) 넓고 먼 곳을 멀리 바라봄. 또는 멀리 내다보이는 경치. 통일○○대.
10) 단체나 부류에 새로 참가하거나 들어옴. 또는 그런 사람. '새내기'와 같은 말.
11) 학문이나 기예 따위를 익숙하도록 되풀이하여 익힘.
12) 감기의 옛말.
14) 어떤 사실의 앞뒤, 또는 두 사실이 이치상 어긋나서 서로 맞지 않음을 이르는 말. 창과 방패.
15) 정월 대보름 전날, 아이들이 기다란 막대기나 줄에 불을 달고 빙빙 돌리며 노는 놀이.
16) 유리를 낀 창.
18) 남의 말을 듣고 그대로 받아들이지 아니하고 그 자리에서 제 의사를 나타냄. 또는 그 말.
19) 한두 번 보고 곧 그대로 해내는 재주. ○○○가 좋다.
20) 우리나라 명절의 하나. 음력으로 새해 첫날을 이르는 말.

세로

1) 잠수하여 바닷속을 탐사하는 배. 그중 소형 배를 이르는 말.
3) 필요할 때는 쓰고 필요 없을 때는 야박하게 버리는 경우를 이르는 사자성어.
6) 한 달을 단위로 하여 지급하는 급료. 또는 그런 방식.

7) 다른 사람이 잘되거나 좋은 처지에 있는 것 따위를 공연히 미워하고 깎아내리려 함.
9) 말이나 행동을 잘못하여 자기의 지위, 명예, 체면 따위를 손상함.
11) 무엇이 불에 탈 때에 생겨나는 흐릿한 기체나 기운.
12) 저고리에 달아 옷깃을 여밀 수 있도록 한 헝겊 끈.
13) 거짓이나 꾸밈이 없는 모습.
15) 아주 보잘것없거나 규모가 작은 것을 비유적으로 이르는 말.
17) 책이나 논문 따위의 첫머리에 내용이나 목적 따위를 간략하게 적은 글.
21) 세력이 번창하고 왕성함. 시작은 미약하나 끝은 ○○하리라.
22) 아이들이 얼음판이나 눈 위에서 미끄럼을 타고 노는 기구.
23) 어떤 일이 있은 그다음의 날.

▶ 정답 p.78

▶ 정답 p.79

숨은그림찾기 정답

p.2

고래, 다슬기, 등산지팡이, 모자, 알파벳 E,
열대어, 와인잔, 호미, 화살표, 휴대용 칼

p.3

고구마, 금붕어, 도넛, 모자, 물음표,
배추, 뱀, 압정, 장화, 하트

p.6

귀이개, 나비, 낫, 만두, 부메랑,
성냥, 스페이드, 장갑, 제기, 종이비행기,
촛불, 코끼리 머리

p.7

가지, 고추, 골프채, 당근, 맷돌, 새,
악어, 알파벳 P, 애벌레, 우산, 장화, 토끼 머리

p.10

권총, 낚싯바늘, 머그컵, 숫자 9, 스포이트,
자, 장도리, 전기 플러그, 쭈쭈바, 펜촉, 하트

p.11

고인돌, 도끼, 도넛, 땅콩, 뱀,
아이스크림, 일회용 면도기,
자동차, 페인트붓, 화분

p.14

건전지, 도끼, 돋보기, 물개, 바나나, 뼈다귀,
숫자 9, 열쇠, 제기, 화살표

p.15

깔때기, 당근, 바나나, 사탕, 숫자 8,
야구 글러브, 오리, 전화 수화기, 젖병,
칫솔, 펜촉

p.18

가오리, 꽃반지, 낚싯바늘, 네잎클로버,
막대사탕, 아이스크림, 오리발, 은행잎,
종, 촛불

p.19

네잎클로버, 도끼, 못, 성냥개비,
전화 수화기, 조개, 종이배, 쭈쭈바,
칫솔, 코끼리, 팔분음표

p.22

가오리, 국자, 권투 글러브, 다리미, 달팽이,
모래시계, 버섯, 아령, 아이스크림, 알파벳 D,
장도리, 조개

p.23

계란프라이, 깔때기, 돋보기, 딸기, 마우스,
밤, 버섯, 새, 알파벳 S, 은행잎, 자

p.26

고추, 네잎클로버, 눈사람, 달팽이,
문어, 불가사리, 숫자 4, 오리, 지렁이, 토끼

p.27

문어, 붕어빵, 빗, 삼각자, 열대어, 은행잎,
장갑, 촛불, 토끼 머리, 페인트붓, 호미

p.30

건빵, 땅콩, 바나나, 뼈다귀, 새,
알파벳 Y, 은행잎, 조개, 편지봉투, 하트

p.31

계란프라이, 도토리, 돼지 머리,
막대 아이스크림, 옥수수,
장총, 조개, 지우개, 짚신, 토끼, 하트

p.34

당근, 돛단배, 만두, 볼링핀,
사분음표, 아이스크림,
전화 수화기, 참외, 피자, 핸드폰

p.35

바늘, 비행접시, 삼각자, 숫자 3,
아이스크림, 압정, 어묵 꼬치, 얼굴 옆모습,
장화, 지렁이, 팔분음표

p.38

금붕어, 눈사람, 독수리 머리, 땅콩, 물음표, 버섯, 벙어리장갑, 빨래판, 스페이드, 종이배, 쭈쭈바, 코끼리, 펜촉 펜

p.39

곰방대, 공갈 젖꼭지, 과도, 깔때기, 백열전구, 음료수 캔, 이빨, 지렁이, 태극문양, T자

p.42

구둣주걱, 망치, 바늘, 반창고, 숫자 7, 양말, 오리 머리, 우산, 화분, 효자손

p.43

건빵, 낚싯바늘, D형 건전지(뚱뚱한 모양), 딸기, 망나니 칼, 성냥개비, 열쇠, 올챙이, 작살, 편지봉투, 해골, 해마

p.46

건전지, 곰방대, 괭이, 껌종이, 낚싯바늘, 만두, 물음표, 부엌칼, 비녀, 사과, 사다리, 작살

p.47

가오리, 고추, 네잎클로버, 말굽자석, 부츠, 뼈다귀, 새, 열쇠, 자, 한반도 지도

p.50

가오리, 각도기, 골프채, 나비, 달팽이, 뱀, 병따개, 삶은 계란, 성냥개비, 장총, 전통부채

p.51

건전지, 건빵, 달팽이, 당근, 립스틱, 막대사탕, 물음표, 발자국, 밤, 알파벳 E, 젖병, 해골

p.54

건전지, 계란프라이, 고무신, 고슴도치, 땅콩, 라이터, 막대사탕, 버섯, 병따개, 부메랑

p.55

권총, 도끼, 도토리, 불가사리, 비빔밥,
알파벳 E, 열대어, 은행잎, 조개, 중절모,
페인트붓, 펭귄

p.58

게, 못, 바게트빵, 바늘, 숫자 3, 스페이드,
인두, 하키 스틱, 해마, 화살표

p.59

권총, 기린 머리, 등산지팡이, 립스틱,
머그컵, 버섯, 손전등, 열대어, 은행잎,
펜촉, 학

p.62

갈매기, 담배 파이프, 도토리, 숫자 3, 오리,
종이배, 콩나물, 펜촉, 푸들, 핫도그

p.63

가오리, 나비, 돋보기, 모종삽,
바가지, 뼈다귀, 오이, 장갑, 젖병, 팔분음표

p.66

고추, 담배 파이프, 도토리, 물총, 비녀,
새총, 악어 머리, 압정, 오징어, 우산,
콩나물, 화살표

p.67

가지, 금붕어, 눈사람, 당근, 딸기, 물감,
상어, 알파벳 Y, 와인잔, 제기

p.70

가래떡, 개미핥기, 딸기, 립스틱, 물고기,
상아, 숫자 3, 스페이드, 알파벳 A, 유령,
콩나물

p.71

가지, 독수리, 풀어뻥(변기 뚫는 도구),
바나나, 밤, 밥공기, 상어, 솜사탕,
장도리, 쥐

십자말풀이 정답

❶ p.8

천	문		냄		세	탁	소
의	상		비	사	치	기	꿉
무			랑			깜	놀
봉	준	호	니				이
		기	후		고		
	관	심		무	궁	화	숨
삼	복				어	부	바
각		말	뚝	박	기		꼭
형		썽			세		질

❷ p.16

서	커	스		피	에	로		도
		타			그	래		서
태	업		제	삿	날			관
권		극	한		씨	름		
도	깨	비				트	롤	
		리		경		랜		
달	빛		뽑	기		스	물	
고	깔	모	자		장	판	지	
나		석	양		문	방	구	

❸ p.24

		보	물	찾	기		운	
	사	람		중		노	동	
줄	기		분	위	기		회	
다		신		임	불		활	
리		선	장		기	사	성	
기	차	놀	이		조	개	탄	
		단	음			졸	살	
사	막		생		업	구	멍	
			애	완	식	물		

❹ p.32

연		방		백		시	골
주	먹	구	구	화			탕
	자		차	이	점		
빙	판	길		마		그	림 자
		하	품		서	리	
차	갑	다		새		고	양 이
	론		대	참	사		손
가	을	걷	이		고	기	잡 이
수	박		동		력		이

❺ p.40

포	스	터		만	리	장	성
장				두		발	명
		연	탄		게	집	단
간	극		뒷	걸	음	속	보
호		이	모				따
사	육		양	치	질		리
	상	처			챔		
직	선		치	와	와	피	자
	수	술		인	플	루	언 서

❻ p.48

낭		신	세	대		음	계
비	둘	기	호		관	현	악 단
		레		등	단		다
홍	길	동		세	력		방
			면	사	포		외
곁	눈			생		교	련
	치	장		물	불		
놈	코	어	룩		한	국	은 행
	치		마	당			혜

❼ p.56

전	설	의	고	향		기	숙	사
초	원		생	기	부		소	망
전				탁	류			유
		심	부	름				희
무		형			깃	발		
조	무	래	기		며		자	유
건					느		취	권
		택		실	마	리		자
	세	시	풍	속				

❽ p.64

해	수	욕	장		모		잉	여
일	먹		경	범	죄		름	
	소	다			책	가	방	
정	확		귀		장		학	
		행	진	곡		난	치	병
질			성	취	감		천	렵
풍	뎅	이					비	만
노		원	피	스			잠	
도	랑		서		잠	자	리	채

❾ p.72

잠	꼬	대		쥐	불	놀	이
수			고	뿔		틈	
정	월	대	보	름		설	날
급					머		
	전	망		유	리	창	
토	질		신	참		말	대 꾸
사	투	리		모	순		
구		연	습		눈	썰	미
팽	이	치	기			매	

초성 속담 퀴즈 정답

❶ p.9 (힌트 : 아이)

① 아 이 싸 움 이 어 른 싸 움 된다
② 아 이 보 는 데는 찬 물 도 못 먹는다
③ 업 은 아 이 삼 년 찾는다
④ 우 는 아 이 떡 하 나 더 준다

❷ p.17 (힌트 : 개)

① 하 룻 강 아 지 범 무 서 운 줄 모른다
② 개 팔 자 가 상 팔 자
③ 서 당 개 삼 년 에 풍 월 을 읊는다
④ 개 눈 에는 똥 만 보 인 다

❸ p.25 (힌트 : 도둑)

① 늦 게 배 운 도 둑 질 날 새 는 줄 모른다
② 도 둑 이 제 발 저 리 다
③ 바 늘 도 둑 이 소 도 둑 된다
④ 도 둑 놈 에게 열 쇠 맡 긴 셈

❹ p.33 (힌트 : 나무)

① 열 번 찍어 안 넘 어 가 는 나 무 없다
② 원 숭 이 도 나 무 에서 떨 어 진 다
③ 가 지 많은 나 무 바 람 잘 날 없다
④ 나 무 에서 고 기 를 찾 는다

❺ p.41 (힌트 : 쥐)

① 낮 말 은 새 가 듣 고, 밤 말은 쥐 가 듣는다
② 독 안에 든 쥐
③ 궁 지 에 몰 린 쥐 가 고 양 이 를 문다
④ 쥐 구 멍 에도 볕 들 날 있다

❻ p.49 (힌트 : 호랑이)

① 호 랑 이 도 제 말 하면 온 다
② 여 우 를 피 하 려 다 호 랑 이 를 만난다
③ 호 랑 이 담 배 먹 을 적
④ 이 빨 빠진 호 랑 이

❼ p.57 (힌트 : 귀신)

① 귀 신 이 곡 할 노 릇 이다
② 먹 고 죽 은 귀 신 이 때 깔 도 곱다
③ 말 안 하면 귀 신 도 모른다
④ 귀 신 씻 나 락 까 먹 는 소리

❽ p.65 (힌트 : 닭)

① 닭 잡 아 먹 고 오 리 발 내놓기
② 닭 쫓 던 개 지 붕 쳐 다 보 듯
③ 꿩 대신 닭
④ 닭 의 대 가 리 가 소 꼬 리 보다 낫다

❾ p.73 (힌트 : 소)

① 못 된 송 아 지 엉 덩 이 에 뿔 난다
② 소 잃 고 외 양 간 고친다
③ 소 뒷 걸 음 치다가 쥐 잡는다
④ 소 닭 보 듯 한다

다른그림찾기 정답

❶ p.4

❷ p.12

❸ p.20

❹ p.28

❺ p.36

❻ p.44

❼ p.52

❽ p.60

❾ p.68